willi will wissen?

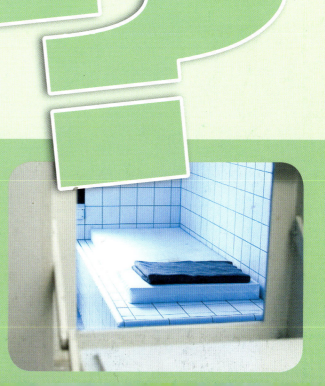

Der Autor

Carsten Tergast, geboren 1973, lebt als freier Journalist, Texter und Autor in Leer/Ostfriesland. Nach einer Lehre als Buchhändler studierte er Literatur- und Medienwissenschaft in Paderborn und arbeitete bereits als freier Journalist für das „Westfalen-Blatt". Von 2000 bis 2005 war er Redakteur und Chef vom Dienst beim Branchenmagazin „BuchMarkt".

Bildquellennachweis:
Bilderberg: S.16 or · Ralf Braum: S.2li, 3, 6, 8, 9o, 9u, 16ol, 16ml, 18, 19or, 19u, 20, 22, 23u, 24o, 24u, 25, 26o, 26mu, 26u, 26 ur, 31, 32/33 · Bundeskriminalamt (BKA): S.29u, 36, 40 · Corbis: S.9r, 39r
Massimo Fiorito: S.19or, 21 · Getty images: 41 · Behörde für Inneres, Hamburg: S.19om
Markus Kirchgessner: S.23o, 23or, 24m · Megaherz: S. 26m, S.28 · Mecom/ddp-Archiv: S.4, 5u, 10 11o, 12u, 13or, 14o, 15, 29o, 44, 45 · picture alliance/dpa: S.7, 11u, 12o, 34o, 34u, 35, 38, 42, 43
Pixelquelle: S.2li, 13ol, 16m, 16mr, 16u, 17

Umschlagfoto: Massiomo Fiorito
Herzlichen Dank an Willi Weitzel und
an die Pressestelle des Frankfurter Polizeipräsidiums für die freundliche Unterstützung.

© 2006 Baumhaus Verlag, Frankfurt am Main
Konzept: Götz Rohloff, Layout und Illustrationen: Suzana Brala und Götz Rohloff
Bildrecherche und -redaktion: Susanne Reininger
Textredaktion: Uwe Kauß
Lizenz durch TELEPOOL
© 2006 megaherz für den Bayerischen Rundfunk
Alle Rechte vorbehalten
ISBN-10: 3-8339-2708-9
ISBN-13: 978-3-8339-2708-9

Gesamtverzeichnis schickt gern:
Baumhaus Verlag GmbH
Juliusstraße 12
60487 Frankfurt am Main

Carsten Tergast

Achtung, Achtung! Hier spricht die
Polizei!

*Anhalten, Polizei!
Auch mit dem Fahrrad kann man gegen die Verkehrsregeln verstoßen. Wenn eine Streife so etwas sieht, gibt's schnell einen Strafzettel.
Und der kostet Geld!*

Unterwegs auf Streife

Neulich habe ich meine Freundin Vivien gefragt, was sie mal werden möchte, wenn sie groß ist. Vivien ist zwar erst elf Jahre alt, aber eine Antwort hat sie sofort gewusst: „Polizistin will ich werden!", hat sie gerufen und gestrahlt. Da hab ich gedacht: „Stimmt, als Kind wollte ich auch Polizist werden." Denn Polizisten suchen Verbrecher und sichern bei Unfällen. Sie passen auf, dass niemand zu schnell fährt, und sorgen dafür, dass Fußballspiele im Stadion und Popkonzerte sicher ablaufen. Action garantiert!

Um zu erfahren, was Polizisten alles machen, habe ich mich mit Geli verabredet – einer Polizistin, die mich erst mal mit auf Streife nimmt. Auf Streife gehen – so nennt man es, wenn die Polizisten zu Fuß, mit dem Auto, mit dem Motorrad und manchmal sogar mit dem Fahrrad unterwegs in ihrem Revier sind. Auf Streife gehen Polizisten meistens zu zweit, damit einer dem anderen im Notfall helfen kann. Heute bin ich also der Partner von Geli und fahre nun in ihrem Streifenwagen mit. Da sehe ich schon einen Radfahrer auf dem Gehweg fahren. Das ist aber nur erlaubt, bis man höchstens zehn Jahre alt ist – sonst ist es verboten! Und Geli sieht noch etwas: Der erwachsene Radfahrer telefoniert mit dem Handy! Deshalb stoppen wir ihn.

In der Einsatzleitzentrale – hier im Frankfurter Polizeipräsidium – gehen die Notrufe und Meldungen von Bürgern ein, die sie über den Notruf 110 mitteilen. Die Beamten wissen auch genau, welche Streife sich wo befindet, und können mit ihnen per Funk und Telefon Kontakt halten.

Haltet den Dieb!

Nun müsste er normalerweise eine Strafe bezahlen, doch Geli ermahnt dieses Mal nur, so etwas nicht mehr zu machen. Wenn er aber noch einmal erwischt wird – dann zahlt er Strafe: Das Telefonieren auf dem Rad kostet 25 Euro!

Der Streifendienst bietet manchmal ganz schön action: Plötzlich wird Geli über Funk gerufen, um ihren Kollegen bei der Jagd auf einen Taschendieb zu helfen. Um schnell an den Platz zu gelangen, wo der Dieb gestellt werden soll, schaltet sie Blaulicht und Martinshorn ein, damit andere Autofahrer wissen, dass sie den Polizeiwagen sofort vorbeilassen müssen.

Wir rasen zum Tatort. Zusammen mit Gelis Kollegen, die von der anderen Seite herankommen, schneiden wir dem wegrennenden Dieb den Weg ab und können ihn fangen. Er wird mit dem Streifenwagen ins Polizeirevier gebracht, um seine Daten festzustellen und ihn anzuzeigen.

WWW Polizisten haben bei nicht ganz so schweren Vergehen einen „Ermessensspielraum". Das bedeutet: Wenn zum Beispiel das Licht am Fahrrad nicht geht, jemand den Radweg nicht benutzt oder ein Verkehrsschild nicht beachtet, kann der Polizist denjenigen erst mal ermahnen, anstatt gleich einen Strafzettel zu schreiben. Das ist, als wenn ein Schiedsrichter erst mal die gelbe Karte zeigt, statt den Spieler gleich vom Platz zu stellen. Doch die Entscheidung trifft der Polizist allein – man kann sich nicht drauf verlassen, ohne Bußgeld davonzukommen!

1 Licht
2 Bremse
3 Reflektoren

Streifenpolizisten kontrollieren auch Fahrräder. Dein Fahrrad sollte deshalb immer verkehrssicher sein: Licht und Bremsen müssen funktionieren und es muss mit Reflektoren ausgestattet sein. Sonst gefährdest du nicht nur dich, sondern auch andere Verkehrsteilnehmer. Und es kostet mindestens 10 Euro Strafe, wenn du erwischt wirst!

Mit Funkgerät und Blaulicht

Wenn Polizeikommissarin Tina Loh auf Streife etwas auffällt, kann sie es mit dem Funkgerät sofort ihrer Kollegin Eva Spiel erzählen.

Was Polizisten unterwegs erleben

Was im Streifendienst sonst noch alles passieren kann, erzählt mir Geli während der Fahrt.

Willi: Was ist denn eigentlich der Sinn des Streifendienstes?
Geli: Unsere Hauptaufgabe auf Streife ist es, Gefahren abzuwehren und Straftaten zu verhindern. Wir werden zum Beispiel gerufen, wenn eine Prügelei losgeht, um Schlimmeres zu verhindern und festzustellen, wer dafür verantwortlich war. Wir passen auf, dass nicht mit Drogen gehandelt wird, wir müssen aber auch eingreifen, wenn sich jemand über seinen Nachbarn beschwert, der viel zu laut Musik hört.

Willi: Wann dürft ihr denn mit Blaulicht und Martinshorn fahren wie bei der Jagd nach dem Taschendieb?
Geli: Beides dürfen wir nur einsetzen, wenn höchste Eile geboten ist. Etwa wenn Menschenleben zu retten sind oder wir flüchtige Verbrecher verfolgen. Viel besser ist es aber, wenn Streifenbeamte Straftaten verhindern können, weil sie die Gefahr rechtzeitig erkannt haben.

Willi: Wenn ihr unterwegs seid, werdet ihr bestimmt auch oft angesprochen ...

WWW Wenn eine Streife aus mehreren Polizisten besteht, gibt es immer einen Streifenführer. Meistens ist das der Polizist mit dem höchsten Dienstgrad, der die Verantwortung für den Ablauf trägt. Wenn ältere Kollegen mit jungen Polizisten auf Streife unterwegs sind, werden sie von den Jüngeren „Bärenführer" genannt.

In einem Streifenwagen sind immer zwei Kollegen, wie hier Tina und Eva, an Bord. Denn im Ernstfall, zum Beispiel bei einer Schießerei, können sie sich Rückendeckung geben.

Eva antwortet sofort, wenn Tina ihr etwas über Funk mitteilt. Im Bild unten sieht man, wie das Funkgerät aussieht, das im Streifenwagen eingebaut ist. Damit können sie jederzeit die Einsatzzentrale und andere Streifenwagen anfunken.

Geli: Ja, klar, das soll ja auch so sein, die Bürger sollen sich sicher fühlen und auch mit uns sprechen, wenn ihnen etwas Ungewöhnliches aufgefallen ist oder sie glauben, jemand hätte eine Straftat begangen. Umso schneller können wir nachsehen.

Meistens sind die Streifenpolizisten mit Auto oder Motorrad unterwegs, um schnell zu sein, wenn's nötig ist. Für den engen Kontakt mit der Bevölkerung gibt es aber außer den normalen Streifenbeamten auch noch einen besonderen Polizisten, den so genannten Kontaktbeamten. Er ist in einem ziemlich kleinen Bezirk immer zu Fuß unterwegs. Dadurch können ihn die Menschen kennen lernen und Vertrauen zu ihm aufbauen. Manchmal bekommt er so sogar schneller wichtige Informationen, um Straftaten zu verhindern oder aufzuklären. Wenn der Kontaktbeamte mit einer Situation alleine nicht klarkommt, alarmiert er seine Kollegen von der Streife über Funk.

Frauen bei der Polizei

Frauen bei der Polizei – das ist so normal wie in anderen Berufen. Die erste Polizistin in Deutschland hieß Henriette Arendt, die 1903 zur Polizeiassistentin in Stuttgart ernannt wurde. Bei der Kriminalpolizei arbeiten Frauen seit 1924 und die erste Schutzpolizistin ging 1978 in Berlin auf Streife. Hier ist eine New Yorker Streifenpolizistin im Jahr 1975 zu sehen.

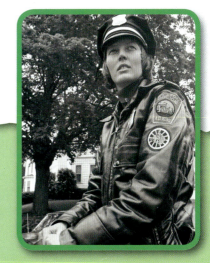

High Tech auf zwei Rädern

'Ne Runde auf zwei Rädern drehen

Geli ist auf ihrer Streife mit dem Auto unterwegs, sie hat aber auch Kollegen, die mit dem Motorrad fahren. So ein Polizeimotorrad hat einige Funktionen, die man bei einem gewöhnlichen Motorrad nicht findet. Gelis Kollege Michael drückt mir seinen Motorradhelm in die Hand: „Setz ihn doch einmal auf, Willi." Dann soll ich mich auf sein Motorrad setzen und er steckt ein Kabel in einen Anschluss am Motorrad und mit dem anderen Ende an meinen Helm. „Kannst du mich hören, Willi?", höre ich

Weiße Mäuse

Die Polizisten auf dem Motorrad gehören zur Verkehrspolizei. Sie achten ausschließlich auf den Verkehr, sichern Baustellen und Unfälle, beobachten Staus – und achten sehr darauf, dass die „Straßenverkehrsordnung" eingehalten wird. Hier steht ganz genau drin, was man im Verkehr darf und was verboten ist – und wie viel Strafe es kostet, wenn man erwischt wird. Der Spitzname dieser Polizisten lautet „Weiße Mäuse". Huch? Die Erklärung: 1873 bekamen die Polizisten in Berlin, die den immer stärkeren Verkehr regelten, weiße Mützen. Damit waren sie bei schlechtem Wetter besser zu sehen! Schon bald nannten die Berliner sie „Weiße Mäuse".

Das geheime Video-Motorrad

2003 hat die Verkehrspolizei im schwäbischen Hechingen das erste „Video-Motorrad" zur Bekämpfung von Motorradunfällen vorgestellt. Mit dem getarnten Polizei-Video-Motorrad kann die Polizei gefährliches Verhalten von Motorradfahrern beweissicher filmen und bestrafen. Das 32 000 Euro teure Motorrad hat 130 PS, ist bis zu 247 Stundenkilometer schnell, beschleunigt in nur drei Sekunden auf Tempo 100 – und ist mit einer besonderen Videokamera und -anlage ausgestattet. Wer mit seinem Motorrad viel zu schnell fährt, wird von dem Video-Motorrad verfolgt und dabei heimlich zum Beweis gefilmt. Danach wird er angehalten und kriegt von der Polizei eine saftige Strafe aufgebrummt!

Schnell, wendig und eine Menge PS: Die Motorräder der Polizei sind nun auch in blauer Lackierung zu sehen.

plötzlich eine Stimme, die direkt aus dem Helm kommt. Das ist doch Geli! Michael erklärt: Das Motorrad verfügt über eine Funkeinheit, die in einem Kasten im hinteren Teil des Motorrades eingebaut ist. Wenn der Fahrer des Motorrades angefunkt wird, so wie Geli es gerade mit mir gemacht hat, wird der Ton aus der Schalteinheit vorne in der Nähe des Lenkers über das Kabel auf zwei Lautsprecher übertragen, die sich im Helm an den Ohren befinden. Um zu antworten, hat der Fahrer ein kleines Mikro im Helm, in das er hineinsprechen kann. Wenn der Fahrer einmal keinen Helm aufhat, z.B. wenn er angehalten hat und abgestiegen ist, befinden sich noch ein Mikro und Lautsprecher direkt am Motorrad.

Blaulicht und Martinshorn dürfen auch am Motorrad nicht fehlen. Manchmal befindet sich das Blaulicht vorne auf der Höhe der Griffe, bei anderen Motorradtypen ist am hinteren Ende eine lange Stange befestigt, auf der das Blinklicht sitzt.

Ich würde ja gerne mal eine Runde mit so einer Maschine fahren, immerhin haben die ganz neuen rund 100 PS und sind ganz schöne Renner. Weil sie so schnell beschleunigen können – viel schneller als jedes Auto –, werden sie manchmal auch mit Videoeinheiten ausgerüstet und bei der Autobahnpolizei eingesetzt. Mit einem Motorrad hat man mehr Chancen, Temposünder mit schnellen Autos zu erwischen, außerdem sind sie bei hohem Verkehrsaufkommen kleiner und wendiger als ein Polizeiauto.

Dieses getarnte Polizeimotorrad (Bild linke Seite) hat hinten im Koffer eine Videoanlage eingebaut (links). Vorne in der Verkleidung ist die Kamera versteckt, mit der Verkehrssünder gefilmt werden (oben). Rechts siehst du so eine Aufnahme: Mit Tempo 140 auf einem Rad – das ist lebensgefährlich und kostet eine saftige Strafe.

Jetzt geh ich in die Luft!

Verbrecherjagd mit dem Hubschrauber

Hast du dich auch schon mal gefragt, wie es kommt, dass ein flüchtender Bankräuber ganz schnell wieder eingefangen werden konnte? Wieso Unfälle und Staus so schnell und genau gemeldet werden? Ganz einfach: Von oben hat man eine viel bessere Übersicht! Deshalb gibt es bei der Polizei die Hubschrauberstaffeln! Derzeit sind ungefähr 60 Hubschrauber in Deutschland im Einsatz. Dabei werden rund 12 verschiedene Typen benutzt – das ist je nach Bundesland verschieden.

Hubschrauber überwachen den Verkehr auf den Autobahnen und melden Unfälle und Staus.

Dramatische Rettungsaktion:

Am Pfingstsonntag 1999 rettete ein Polizei-Hubschrauber einen Mann aus den reißenden Hochwasserfluten der Donau in Neu-Ulm. Sein kleiner Hund war in die starke Strömung geraten. Als er versuchte, ihm zu helfen, wurde er selbst mitgerissen. Die Besatzung eines vorbeifliegenden Poilzeihubschraubers sah den um sein Leben kämpfenden Mann. Doch der Hubschrauber hatte nicht die Ausstattung, um den Mann retten zu können! Zur gleichen Zeit war aber zufällig der bayrische Innenminister mit dem Polizeihubschrauber „Edelweiß 5" in Neu-Ulm gestartet. Aufgrund des Funkrufs der anderen Besatzung musste der Minister aussteigen. Sofort startete die Rettungsaktion: Der Pilot manövrierte den Hubschrauber mit den Kufen direkt aufs Wasser! Das andere Besatzungsmitglied kletterte auf die Kufen, konnte den Mann greifen, herausziehen und so vor dem Tod retten!

Polizeihubschrauber sind 24 Stunden im Einsatz

Auf Beobachtungsflug ...

So ein Hubschrauber kann in bis zu sechs Kilometern Höhe fliegen. In das Modell EC 135 zum Beispiel passen sieben Leute hinein, so dass mir Markus, der Pilot, sogar erlaubt, mal eine Runde mitzufliegen! Aus der Luft hat man eine gute Übersicht und die nutzt der Polizei in vielen Situationen. Die Verkehrsüberwachung zum Beispiel wird von Hubschraubern unterstützt. Die Besatzung sieht, wo auf der Autobahn Stauschwerpunkte sind. Sie meldet auch den Streifen am Boden, wenn sie einen Unfall beobachtet hat, der zu Behinderungen führt. Die Polizisten am Boden können dann gezielt dorthin fahren und alles regeln.

Aber auch Bankräuber kann man besser fangen, wenn die Hubschrauberstaffel ihre Kollegen bei der Suche unterstützt. Aus der Luft ist es kein Problem, das Fluchtauto im Blick zu behalten und die verfolgenden Polizeiautos oder -motorräder in die richtige Richtung zu lotsen, um den Räuber zu stoppen.

Die Polizei verwendet für Beobachtungsflüge wendige Hubschrauber wie den modernen EC 145. Der fliegt immerhin rund 270 km/h schnell und verbraucht 240 Liter Kerosin in der Stunde. Da in seinen Tank ungefähr 700 Liter hineinpassen, kann er etwa drei Stunden fliegen, ohne nachtanken zu müssen. Mit an Bord sind Rettungswinde, Abseilvorrichtung, Fotokamera, Nachtsichtgeräte, Videokamera, TV-Sendeanlage und vieles mehr! In der Kabine haben zehn Leute Platz.

Wichtig sind die Hubschrauber auch, wenn nach vermissten Personen gesucht werden soll. Oft kann man sie aus der Luft besser finden, vor allem, wenn der Einsatz nachts stattfindet, Markus zeigt mir den riesigen Suchscheinwerfer an Bord, mit dem die Gegend abgesucht werden kann. Selbst im Dunkeln kann die Besatzung noch detaillierte Fotos machen: Dafür benutzen sie Wärmebild- und Infrarotkameras. Auf Grund ihrer Körperwärme können die Umrisse von Menschen und Tieren mit diesen Spezialkameras erkannt werden.

Dieser Hubschrauberpilot trägt ein Nachtsichtgerät. Damit kann er auch im Dunkeln beispielsweise flüchtende oder vermisste Personen erkennen.

So schnell entkommt keiner: Viele Fahrzeuge der Autobahnpolizei haben eine Menge PS, damit sie sich nicht so einfach abhängen lassen.

Spezielle Polizisten für die Straße

Verkehrsüberwachung, Unfälle oder Staus auf der Autobahn: Darum kümmern sich die Beamten von der Autobahnpolizei. Ich habe Heinz-Dieter Brückmann getroffen, der mir genau erklären kann, wie sie das machen. Der leitet nämlich eine Autobahnpolizeistelle.

Willi: Hallo Heinz-Dieter, wie kommt man eigentlich zur Autobahnpolizei?
Heinz-Dieter Brückmann: Interessiert hat mich diese Spezialeinheit schon während meiner Ausbildungszeit bei der Polizei. Danach habe ich mich dann extra dort beworben und viele Fortbildungen gemacht, die mir das nötige Spezialwissen vermittelt haben.

Willi: Was muss man denn können als Autobahnpolizist?
Heinz-Dieter Brückmann: Wir lernen viele spezielle Dinge, die gerade beim Einsatz auf der Autobahn wichtig sind, etwa, was bei einer LKW-Kontrolle zu beachten ist. Wir kontrollieren Lastwagen, ob sie nicht überladen sind und ob ihre Fahrer nicht schon zu lange am Steuer sitzen. Da wir uns mit unserer Dienststelle in der Nähe der deutsch-holländischen Grenze befinden, sind wir auch besonders gut ausgebildet, um Drogenschmuggler aufzuspüren. Dafür machen wir häufig große Kontrollen, bei denen manchmal die Autobahn komplett gesperrt wird.

Willi: Aber ihr seid doch hier nicht nur auf Verbrecherjagd ...
Heinz-Dieter Brückmann: Nein, einer unserer Schwerpunkte ist die Kontrolle des Verkehrs. Wir greifen ein, wenn Autofahrer zu wenig Abstand halten oder mit viel zu hohen Geschwindigkeiten über die Straße rasen. Außerdem reagieren wir, in

> Die Autobahnpolizei arbeitet mit Polizei-Dienstfahrzeugen und dazu mit zivilen Autos und Motorrädern. Das bedeutet: Sie sind nicht als Polizeiautos erkennbar! Die zivilen Fahrzeuge werden vor allem bei der Tempo- und Abstandsmessung eingesetzt und sind mit hochmodernen Videosystemen ausgestattet. Weil sie so gut getarnt sind, erwischen sie ziemlich viele Autofahrer, die zu schnell fahren, gefährlich drängeln oder zu wenig Abstand halten.

Einsatz mit über 200 PS

Führerschein und Fahrzeugpapiere bitte! So sieht es aus, wenn ein Autofahrer bei einer Verkehrskontrolle rausgewunken wird.

Zusammenarbeit mit den Kollegen im Hubschrauber, wenn der Verkehr durch Unfälle blockiert ist oder so viele Autos unterwegs sind, dass ein Stau entsteht. Dann versuchen wir, den Verkehr so zu leiten, dass alle so schnell wie möglich vorankommen.

Willi: Müsst ihr dafür nicht auch besonders gut Auto fahren können?
Heinz-Dieter Brückmann: Klar, das ist natürlich wichtig, dafür machen wir oft Fahrsicherheitstrainings, wo richtiges Bremsen geübt wird oder Schleudertrainings absolviert werden.

Willi: Mit was fahrt ihr eigentlich durch die Gegend? Mit Porsches?
Heinz-Dieter Brückmann: Wir benutzen verschiedene Marken, aber alle Wagen haben über 200 PS – damit fährt uns so schnell keiner davon. Sportwagen wie Porsche gibt es heute aber nicht mehr, sie sind viel zu unpraktisch. Einige unserer Autos sind mit Videokameras ausgestattet, auf denen wir Verkehrsverstöße filmen und den Sündern gleich vorführen können, wenn wir sie angehalten haben. Außerdem dienen die Aufzeichnungen als Beweismaterial.

Zeitunglesen beim Lastwagenfahren auf der Autobahn: Der Fahrer hat nicht damit gerechnet, dass er heimlich mit einer hochmodernen Kamera von der Polizei gefilmt wird. Wer so etwas macht, muss möglicherweise den Führerschein zur Strafe eine Zeit lang abgeben.

Rennwagen mit Blaulicht: Die italienische Staatspolizei fährt sogar einen Lamborghini, um Verbrecher in schnellen Autos zu jagen.

Schäferhund Abby ist ein Drogensuchhund. Hier durchschnüffelt er eine Tasche – aber außer dem Willi-Buch ist nix drin.

Keine Chance für Verbrecher: Wie hier im Training sieht man, wie dieser Polizeihund den Flüchtenden stellt. Das macht er aber nur auf Befehl.

Was Polizeihunde alles lernen müssen

Polizisten werden lange und sehr gut ausgebildet. Trotzdem brauchen sie manchmal Unterstützung. Eine ganz besondere Kollegin ist die Isi. Als ich die Isi treffe, weiß ich auch sofort, warum! Sie ist nämlich eine Super-Schnüfflerin: Vor mir steht eine Schäferhündin und begrüßt mich mit einem Stups ihrer feuchten Schnauze. Ihr Hundeführer Hermann erklärt mir, dass Isi eine intensive Ausbildung hinter sich hat, um in die Hundestaffel aufgenommen zu werden. Dabei hat sie beispielsweise gelernt, dem Hermann aufs Wort zu gehorchen. Wenn er ihr also jetzt den Befehl geben würde, mich zu beißen, würde sie das sofort machen. Diensthunde müssen sich nämlich sehr gut ihrem Rudelführer unterordnen können, damit sie absoluten Gehorsam lernen. Bei der Ausbildung macht man sich den Spieltrieb und die gute Nase der Hunde zunutze. Sie lernen, wie ihr Spielzeug riecht – und finden es dann überall wieder! Das macht sich die Polizei zunutze: So wird ein Rohr, das dem Hund als Spielzeug dient, zum Beispiel mit der verbotenen Droge Haschisch gefüllt. Der Hund lernt so mit der Zeit den Geruch der Droge kennen und verbindet ihn mit

Diensthund

In Deutschland sind zur Züchtung als Polizeihunde nur bestimmte Rassen zugelassen:

- **Deutscher Schäferhund**
- **Belgischer Schäferhund**
- **Rottweiler**
- **Dobermann**
- **Riesenschnauzer**
- **Airdale Terrier**

Bei ihnen kann man durch gezieltes Züchten die für einen Diensthund wichtigen Eigenschaften besonders gut hervorheben.

Rottweiler

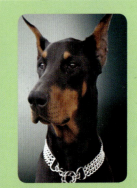
Dobermann

Deutscher Schäferhund

Schnüffler auf vier Pfoten

seinem Lieblingsspielzeug. Für ihn ist es also immer sein Spielzeug, das er sucht, wenn er Gepäck oder Lastwagen durchschnüffelt, um die Polizisten zu versteckten Drogen zu führen. Riecht er sein Spielzeug – also die Droge – scharrt er mit der Pfote oder setzt sich hin und fixiert die Fundstelle mit den Augen. Wichtig ist, dass der Hund nie direkt mit den Drogen in Berührung kommt, da sie für ihn genauso gefährlich sind wie für Menschen. Im Laufe der Ausbildung lernen die Hunde, verschiedene Gerüche zu erkennen. Deshalb werden sie bei der Polizei meistens als Spürhunde eingesetzt, um entweder bei Drogenkontrollen verbotene Substanzen aufzuspüren oder auch nach vermissten Personen zu suchen. Isi hat aber auch gelernt, einen flüchtigen Verbrecher zu stellen! Das will ich sofort ausprobieren. Also ziehe ich so einen Schutzanzug an, renne weg – und schon rennt die Isi hinter mir her. Mensch, hab ich Muffensausen, als sie mich einholt, anspringt und in den gut geschützten Arm beißt. Als Verbrecher würde mir spätestens jetzt das Herz in die Hose rutschen.

In diesen Spielzeug-Ball, den der Polizeihund sehr mag, werden Drogen gefüllt – aber so, dass er sie nur riecht, aber nicht drankommen kann.

Die empfindliche Hundenase verbindet nach einiger Trainingszeit seinen Lieblingsball mit dem typischen Geruch der Droge. Er lernt so, wie sein Bällchen riecht.

Außer Hunden werden auch Pferde im Polizeidienst eingesetzt. Reiterstaffeln nennt man diese Einheiten, oder auch berittene Polizei. Polizeipferde müssen besonders gut laute Geräusche vertragen. Mit fünf bis sechs Jahren sind sie im besten Alter für den Polizeidienst und bekommen dort noch eine Spezialausbildung, so dass sie keine Angst vor Menschenmassen haben. Sie werden daher bei Demonstrationen eingesetzt, aber auch in unwegsamem Gelände, wo Autos nicht mehr durchkommen.

Wenn der Hund am Flughafen das Gepäck nach Drogen abschnüffelt, sucht er eigentlich nur seinen Lieblingsball!

Dienstgrade, Sterne und Abzeichen

Vier Sterne in silber: Wer sie tragen darf, ist ein Polizeihauptkommissar – oder eine -kommissarin.

An den Schulterklappen kannst du erkennen, welchen Dienstrang ein Polizist hat. Viele tragen blaue oder silberne Sterne, manche Dienstränge haben goldene. Wenn du einmal einen Beamten mit einem Lorbeerkranz um die goldenen Sterne siehst, hast du auf jeden Fall einen sehr ranghohen Polizisten vor dir. Die Bezeichungen für diese Dienstränge sind aber je nach Bundesland unterschiedlich. Für die neue blaue Uniform gilt einheitlich:

Bald nur noch blaue Uniformen

Du weißt sicher, woran du einen Polizisten schon von weitem erkennst, oder? Klar, an der Uniform! Allerdings gilt das nur für die Schutzpolizei, denn die Kriminalpolizisten tragen „zivile", also ganz normale Kleidung. Bisher haben in Deutschland alle Polizisten eine Uniform in den Farbtönen Grün und Beige getragen, doch die soll nach und nach ausgetauscht werden – denn zukünftig sollen sie Blau tragen. Deutschland gehört schließlich zu Europa und die Politiker wollen, dass irgendwann alle Polizisten in ganz Europa die gleiche Farbe tragen. Und in den meisten Staaten ist das heute schon Blau.

Weil es allerdings Sache der Bundesländer ist, die Uniformfarbe zu bestimmen, dauert die Umstellung in Deutschland sehr lange.

So wie in der Mitte haben Polizisten bisher ausgesehen – in den Farben Beige und Grün. Links und rechts die neuen blauen Uniformen.

Sterne auf der Schulter

Mich interessiert, was die drei Sterne auf Gelis Schulterklappe bedeuten. „Ich bin Polizeiobermeisterin, Willi. An der Farbe und der Menge der Sterne auf der Schulterklappe kannst du erkennen, welchen Dienstgrad ein Polizist hat. Je höher der Dienstgrad, desto mehr Verantwortung und Befugnisse hat er." Der Dienstgrad richtet sich nach der Ausbildung und danach, wie lange jemand schon Polizist ist. Es gibt sogar welche mit goldenen Sternen auf der Schulter. Das sind die höchsten Chefs bei der Polizei. Witzig finde ich übrigens, dass viele Polizisten auch bei kühleren Temperaturen gerne ein kurzärmeliges Hemd anziehen. Dann müssen sie nämlich keine Krawatte tragen, wie es in den Kleidervorschriften für die langärmeligen Hemden vorgeschrieben ist!
Hier wird übrigens nicht nach Männern und Frauen unterschieden, die Frauen tragen genauso Krawatte. Wann ein Polizist welche Teile seiner Uniform zu tragen hat, ist in Bekleidungsvorschriften genau festgelegt.

Die Uniform besteht aus vielen, vielen Einzelteilen, je nachdem, für was für einen Einsatz die Polizisten sich anziehen müssen. Für besondere Einsätze, wie beispielsweise Demonstrationen und in schwierigem Gelände gibt es eine Spezialausrüstung, wie etwa Kampfanzüge, Helme oder Schutzschilder.

Diesen Gürtel tragen Polizisten auf Streife. Damit sind sie für fast alle Situationen gut gerüstet:

1. **Pfefferspray**
2. **Patronen und Magazin**
3. **Handschuhe**
4. **Abdrängstock**
5. **Handschellen und Schlüssel**
6. **Pistole**
7. **Taschenlampe**
8. **Funkgerät**

Was wohl diese Zeichen bedeuten? Da steht „Polizei" – aber in Spiegelschrift. Das sieht man richtig, wenn man im Auto in den Rückspiegel sieht. Wenn ein Polizeiwagen vor einem fährt und man „Stop" liest, muss man sofort anhalten.

Wissenswertes über Streifenwagen

Wenn du einen Polizeiwagen vorbeifahren siehst, hast du vielleicht schon gemerkt, dass sich da was geändert hat. Genau wie die Uniformen sind auch die Autos immer öfter blau und silber. Bisher waren Polizeiautos grün-weiß oder grün-silber. Diese Farbe war mit Lackfarbe aufgemalt – bei neuen Wagen sind die blauen Streifen nur aufgeklebt! Der Grund: Wenn man ein altes Polizeiauto verkaufen möchte, wird der Streifen einfach abgezogen und man hat ein ganz normales silbernes Auto, das auch Privatleute interessiert. Die grün-weiß lackierten Autos später zu verkaufen war früher viel schwieriger.

Aber das Auffälligste an einem Polizeiauto sind das Blaulicht und das Martinshorn. Früher hatten die Wagen einfach nur die Blaulichter auf dem Dach, heute ist noch ein Display dazwischen, das ist englisch und spricht sich diss-ple. Damit kann man Autofahrern anzeigen, was sie machen sollen, oder sie vor einer Gefahr warnen. Manchmal steht dann da: „Bitte folgen", „Stopp, Polizei" oder „Ölspur". Vorne steht das Ganze spiegelverkehrt drauf! So kann ein Autofahrer im vorausfahrenden Fahrzeug die Schrift im Rückspiegel lesen

Normale Polizeiwagen erkennt man sofort – aber die Beamten haben auch Autos, die man nicht erkennen soll. Bei einem Einsatz wird ein Blaulicht aufs Dach gestellt. Durch den starken Saugnapf unten kann es beim Fahren nicht herunterfallen.

Stopp, Polizei!

und die Anweisung befolgen. Manche Autos sind mit Videokameras und -bildschirmen ausgestattet. Damit kann man Verkehrssünder aufnehmen, etwa wenn sie zu dicht aufgefahren sind oder zu schnell fahren. Außerdem haben Polizeiautos natürlich Funkanlagen eingebaut, mit denen sich die Polizisten untereinander verständigen.

Sollte einmal ein Straftäter Polizisten in ihrem eigenen Dienstwagen als Geisel nehmen, können die Polizisten heimlich die „Null" auf der Tastatur ihrer Funkanlage drücken und so Kontakt zur Zentrale herstellen, die dann die Gespräche im Wagen mithören und die Position des Wagens bestimmen kann.

Daher kommt das Martinshorn

Der Begriff stammt von der Firma „Deutsche Signal-Instrumenten-Fabrik Max B. Martin". Sie entwickelte bereits 1932 als erste so genannte „Folgetonhörner" für Polizei und Feuerwehr. Der offizielle Namen lautete: „Warnvorrichtung mit einer Folge verschieden hoher Töne". Neben vielen europäischen Ländern beliefert die Firma heute auch die USA, Südamerika, Australien und sogar afrikanische Länder mit ihren Hörnern. Übrigens stellt sie auch Nebelhörner für Schiffe her.

Im Einsatzfahrzeug der Polizei befinden sich viele Gegenstände, die beim Einsatz gebraucht werden:

(1) Anhaltekelle, (2) Feuerlöscher, (3) Maßband, (4) Kreide zum Aufzeichnen von Unfallsituationen, (5) Nothammer, (6) Fotoapparat

Volle Deckung
– jetzt wird's gefährlich!

Zum Schießen geht's ins Kino

Geli und alle anderen Beamten tragen eine Pistole am Gürtel. Und ich will genau wissen, warum Polizisten sie tragen müssen. Pistolen gehören zur Standardausrüstung der Polizei, ebenso Schlagstock und Maschinenpistole. Die übliche Waffe des normalen Polizisten ist allerdings seine Pistole. Geli stellt mir Armin und Katarina vor, die mir einiges darüber erzählen, wie die Ausbildung an der Waffe abläuft – denn ohne Ausbildung darf keiner eine Pistole tragen. Armin nimmt meine Bemerkung ernst, dass ich Waffen nicht mag, weil man damit Menschen verletzen kann. Er erklärt: „Die Waffe ist unser allerletztes Instrument, das wir haben, um unsere Maßnahmen durchzusetzen – etwa um uns zu verteidigen oder anderen in Gefahr zu helfen. Wenn ein flüchtiger Straftäter der Anordnung, stehen zu bleiben, nicht folgt, darf er mit einem gezielten Schuss in die Beine gestoppt werden. Und wenn uns jemand angreift, dürfen wir die Waffe aber auch zur Selbstverteidigung benutzen."

Zum Glück brauchen Polizisten ihre Waffe aber sehr selten. Damit sie im Notfall trotzdem damit sicher umgehen können, gehen sie übrigens ins Kino! Nein, die schauen sich keine Gangsterfilme an, um zu lernen, wie man schießt. Im Schießkino schießen die Polizisten zur Übung auf einen Film, in dem Verbrecher

Die Polizisten trainieren das Schießen aus verschiedenen Positionen heraus: stehend, kniend oder auch liegend. Außerdem müssen sie mit der rechten Hand genauso sicher sein wie mit der linken.

In der weltgrößten Polizeischule in Jordanien bilden amerikanische, britische und viele andere Experten neue Polizisten für den Einsatz im Irak aus. Schießtraining steht auch auf dem Programm.

herumlaufen, oder auf Pappscheiben, die wie Verbrecher aussehen.

„Jeder Kollege ist froh, wenn er seine Waffe niemals gebrauchen muss", betont Armin, „denn es ist kein schönes Gefühl, auf einen Menschen zu schießen, egal ob er etwas verbrochen hat oder nicht. Trotzdem üben die Polizisten ganz viel, denn wenn sie die Waffe einmal doch benutzen müssen, ist es wichtig, dass sie sicher damit umgehen können. Sie dürfen im Ernstfall weder sich selbst noch Unbeteiligte gefährden und müssen gezielt auf bestimmte Köperteile wie die Beine zielen können. Jemanden verbal (das heißt nur durch reden) davon zu überzeugen, dass er mitkommen muss, weil er etwas angestellt hat, ist für Polizisten in jedem Fall die bessere Alternative."

WWW Der Grund für den Einsatz der Waffe ist unterschiedlich. Manchmal ist es Notwehr, manchmal muss gezielt eine Straftat verhindert werden, indem auf den möglichen Straftäter geschossen wird. Eine besondere Variante ist der „Finale Rettungsschuss", mit dem ein Straftäter gezielt getötet wird. Er darf nur in sehr speziellen Fällen wie etwa Geiselnahmen eingesetzt werden, bei denen das Leben einer Geisel akut bedroht wird.

„Polizei, stehen bleiben!" Mit diesen interaktiven Filmen üben Polizisten den Umgang mit der Waffe. Der Film zeigt echte Szenen wie Einbruch, Banküberfall oder Geiselnahme. Je nachdem, wie die Polizisten reagieren, lässt die Regie den Film und seine Handlung steuern.

23

Viel Platz für Betrunkene und Ganoven: Hinter jeder Tür in diesem langen Gang des Frankfurter Polizeipräsidiums ist eine Arrestzelle. Wo Schuhe davor stehen, ist einer eingesperrt.

So sieht die Arrestzelle aus

Ins richtige Gefängnis kommt ein Straftäter erst, wenn er vom Gericht zu einer Strafe verurteilt worden ist. Jedes größere Polizeirevier hat aber auch „Arrestzellen". Dort kann jemand nur für einen sehr kurzen Zeitraum landen. Dafür muss man nicht unbedingt eine Straftat begangen haben. „Meistens sind es Betrunkene", erklärt mir Gelis Kollege Günter, „die zum Ausnüchtern in die Arrestzelle kommen, weil sie so viel Alkohol getrunken haben, dass sie nicht mehr wissen, wo sie wohnen und was sie tun. So können wir diese Leute davor schützen, dass ihnen in ihrem Zustand etwas zustößt. Am nächsten Tag, wenn sie wieder nüchtern sind, dürfen sie nach Hause gehen." Es gibt aber auch Leute, die länger als eine Nacht in so einer Zelle bleiben müssen. Das kann vorkommen, wenn jemandem eine Straftat vorgeworfen wird und er festgenommen wurde. Der Arrest muss allerdings nach spätestens 48 Stunden beendet sein.

So haben Gefängniszellen vor 150 Jahren ausgesehen: Dieser „Karzer" mit den Malereien der Gefangenen ist heute noch in Heidelberg zu besichtigen.

Vorsorge ist besser

In der Arrestzelle kann man landen, auch wenn man keine Straftat begangen hat. So nimmt einen die Polizei ihn Schutzgewahrsam, etwa wenn man sturzbetrunken ist. Oder in Sicherungsgewahrsam: Dann befürchtet die Polizei, jemand könnte Straftaten begehen, und sperrt ihn vorsorglich ein. Ein Beispiel: Die Polizei weiß, dass bei einem Fußballspiel im Stadion Fans anreisen, die sich verabredet haben, um Krawall zu machen: Wenn die Polizei das vorher erfährt, kommen die gewalttätigen Fans nur für die Zeit des Spiels in Sicherungsgewahrsam, damit im Stadion nichts passiert.

Aber auch nach einer Festnahme kommen Verdächtige in den Arrest. Denen wird meist ganz konkret eine Straftat vorgeworfen.

Nur 48 Stunden!

Ich geh jetzt mal in eine Zelle hinein. Kühl ist es hier und total ungemütlich. Die Zelle ist nicht mal zehn Quadratmeter groß und kommt mir vor wie eine Waschküche. Nur Fliesen und Kacheln statt Tapeten. Möbel stehen überhaupt keine drin, nur eine Liege, auf die der Gefangene sich legen kann. Das ist so, damit der Zelleninsasse nichts kaputtmachen und sich selbst nicht verletzen kann. Wenn der Insasse zur Toilette muss, muss er klingeln und einem Beamten Bescheid sagen, der ihn begleitet. Nun schließt Günter mich einfach in der Zelle ein. Das ist ganz schön gruselig hinter diesen dicken Eisenstäben und der Stahltür ... Ich bin froh, als Günter mich wieder hinauslässt!

In den Arrestzellen stehen keine Möbel, es gibt keine Toilette, keine Dusche und kein Waschbecken. Wenn ein Gefangener wütend oder betrunken ist, kann er nichts beschädigen und sich nicht verletzen. Die Polizeibeamten schauen regelmäßig nach, wie es dem Eingesperrten geht. Er kann aber klingeln, wenn er mal zur Toilette muss. Dann begleitet ihn ein Beamter.

Laut Gesetz darf ein Gefangener maximal 48 Stunden in der Arrestzelle festgehalten werden. Danach muß er entweder freigelassen oder bei Straftaten dem Haftrichter vorgeführt werden. Der entscheidet, ob er in längere Untersuchungshaft wandert oder wieder nach Hause gehen darf. Ist kein Richter für eine Entscheidung verfügbar, muss er freigelassen werden.

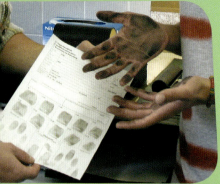

Wer verdächtig ist, eine Straftat begangen zu haben, muss seine Fingerabdrücke abgeben. Dabei werden die Finger und sogar die ganze Hand mit Ölfarbe eingestrichen und auf Papier gedrückt. Diese Abdrücke werden gesammelt und im Computer gespeichert.

So werden Fingerabdrücke nach einem Einbruch am Tatort gesichert.

Weshalb sind Fingerabdrücke so wichtig?

„Hallo Willi, du bist jetzt hier beim ED, das ist die Abkürzung für Erkennungsdienst. Hier beschäftigen wir uns damit, wie man Verbrecher möglichst schnell findet." Da muss ich gleich an Fingerabdrücke denken. Die gehören zu den wichtigsten Beweismitteln, die beim Erkennungsdienst sichergestellt werden. Wenn Polizisten an einen Tatort kommen, etwa in ein Haus, in das eingebrochen wurde, suchen sie nach Fingerabdrücken und sichern sie, indem sie sie auf Papier übertragen.
Wo ich schon mal da bin, nimmt Harry auch gleich meine Fingerabdrücke. Dazu schwärzt er meine Finger mit Farbe und rollt sie dann einzeln auf einem Formular ab, auf dem für jeden Finger und für einen Abdruck der Handfläche eigene Felder vorgesehen sind. Das fühlt sich an, als wenn ich auf ein Stempelkissen gefasst hätte. Wenn ich jetzt etwas anstelle und meinen Fingerabdruck hinterlasse, kann ich ganz schnell gefasst werden. Die Polizisten vom ED sind diejenigen, die dafür sorgen, dass man einmal registrierte Verdächtige schneller findet, wenn sie ein Verbrechen begangen und dabei Spuren hinterlassen haben.

Wie das geht, zeigt mir Harry anhand einer Flasche, die seine Kollegen an einem Tatort gefunden haben und auf der

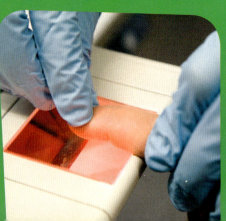

Moderne Verbrecherjagd: Der Finger wird nur auf einen Scanner gelegt und schon landet der Abdruck im Computer. Die Methode ist schnell, extrem genau und die Bilder können sofort am Bildschirm ausgewertet werden.

Dem Täter auf der Spur!

Für Hobby-Dedektive

Flasche anfassen

Mit Mehl bestäuben

Mit Tesafilm Abdruck nehmen

sich Fingerabdrücke befinden. Bei der Untersuchung der Flasche zieht Harry Handschuhe an, denn sonst wären seine Abdrücke ja auch auf der Flasche. Er trägt eine feine Schicht Grafitpulver auf, das an den Abdrücken haftet, die aus Fett- und Schweißablagerungen desjenigen, der die Flasche angefasst hat, bestehen. Dann drückt Harry vorsichtig eine Spurensicherungsfolie aus Gelatine auf, die den Abdruck aufnimmt. Von der Folie überträgt er den Abdruck schließlich auf eine Spurensicherungskarte. Leider kann Harry dann nicht direkt nachschauen, ob dieser Abdruck schon gespeichert ist, sondern muss diese Karte ans Landeskriminalamt, LKA abgekürzt, schicken, das dort Zugriff auf eine Riesendatenbank des Bundeskriminalamtes hat.

Die Kollegen vom LKA sagen Harry dann, ob sie den Abdruck in ihrer Datenbank finden konnten. Wenn derjenige, der die Flasche angefasst hat, schon einmal seinen Fingerabdruck hinterlassen hat, wissen die Polizisten, dass dieser Mensch besagte Flasche in den Händen gehabt hat. Dadurch hat er sich verdächtig gemacht, mit der Straftat etwas zu tun zu haben, die am Fundort der Flasche passiert ist.

Das funktioniert deswegen so gut, weil es den Fingerabdruck jedes Menschen nur ein einziges Mal gibt! Deshalb hat die Polizei auch eine Riesensammlung mit Fingerabdrücken von allen Menschen, die erkennungsdienstlich behandelt wurden. Findet man ihren Abdruck an einem Tatort wieder, sind sie verdächtig.

Fingerabdrücke kannst du zu Hause auch selbst nehmen. Dazu nimmst du eine glatte, saubere Flasche und polierst sie mit einem Geschirrhandtuch. Nun drückst du fest deinen Daumen drauf, ohne ihn zu verrutschen. Über diese Stelle streust du etwas Mehl und pustest es weg. Nun siehst du: Etwas Mehl ist hängen geblieben! Über diese Stelle klebst du nun ein Stück durchsichtigen Klebestreifen. Wenn du ihn abziehst, hast du nun deinen Fingerabdruck. Klebe den Streifen nun vorsichtig auf ein Stück dunkles Papier. Dann kannst deinen Daumenabdruck mit der Lupe untersuchen. Übrigens: Man kann jeden beliebigen Finger dazu nehmen!

WWW — Jeden Fingerabdruck gibt es nur ein Mal! Kein anderer Mensch hat die gleichen Fingerlinien wie du. Die Fingerlinien entstehen schon, wenn das Baby noch im Mutterleib ist, und zwar durch den Druck, den das Fruchtwasser auf die Finger des Kindes ausübt. Und dieser Druck ist bei jedem Kind unterschiedlich.

Der Computer weiß alles!

Jedes Detail ist wichtig

Jeder Verdächtige muss sich bei Harry vorstellen, seine besonderen Merkmale werden genau im Computer gespeichert. Harry macht das mal probeweise bei mir. Ich muss mich an die Wand stellen, damit meine Körpergröße gemessen werden kann. Dann sagt Harry zu mir: „Zieh mal dein T-Shirt aus, Willi, damit ich sehen kann, ob du Tätowierungen oder Narben hast."

Wollte ich erst nicht, aber dann musste ich doch, weil ich ja alles genau wissen will. Als ich anschließend auf die Waage gestiegen bin, wusste Harry auch gleich, dass ich letzte Woche wieder zu viel Schokolade gegessen habe. Er hat alles genau aufgeschrieben, welche Farbe meine Haare haben, meine Augen (grün-braun sind die) oder ob ich Falten habe. Sogar den Hubbel auf meiner Nase hat er gesehen und gleich vermerkt! Dem entgeht wirklich nix!

Außerdem machen Harry und seine Kollegen Fotos von mir, und zwar gleich mehrere. Da sieht man dann, wie ich von der Seite (das nennt man Profil) und von vorne (das nennt man Porträt) aussehe, auf diesen Fotos bin ich nur von Brust

Willi wird gemessen, wie groß er ist. Denn bei Verdächtigen wird alles gespeichert, was hilft, ihn wiederzuerkennen. Dazu gehört die Größe, aber auch das Gewicht, die Farbe der Haut, der Haare. Dazu werden auch Merkmale aufgeschrieben, die man selbst nicht ändern kann – zum Beispiel Narben, Tätowierungen oder andere Details.

So wird ein Fahndungsfoto gemacht: Mit der Spezialkamera wird der Verdächtige immer von vorne, von der Seite, etwas seitlich und mit dem ganzen Körper fotografiert.

bis Kopf zu sehen. Auf einem weiteren Foto wird dann noch eine Aufnahme vom ganzen Körper gemacht. Ich bemühe mich, wie ein echter Verbrecher auszusehen. So einfach ist es aber natürlich nicht: Kriminelle kann man nicht am Aussehen erkennen, sie gucken genauso freundlich oder unfreundlich wie andere Menschen auch. Diese Daten werden nun im Polizeicomputer mit allen Details gespeichert. Wenn Zeugen eines Verbrechens nun den Täter gesehen haben und ihn beschreiben, können die Polizisten mit den Angaben den Computer abfragen, ob er bereits gespeichert ist. Wenn die Angaben genau passen, ist er schnell identifiziert und kann sofort gesucht werden.

Bei der Ermittlungsarbeit werden mit Hilfe eines speziellen Computerprogramms so genannte Phantombilder erstellt. Die verdächtigen Personen können anhand dieser Bilder schneller aufgespürt werden.

Der Ohrabdruck

Neben den Fingerabdrücken gibt es weitere einzigartige Merkmale, dazu gehört auch der Ohrabdruck! Wenn ein solcher am Tatort gefunden wurde, kann man von Verdächtigen ebenfalls einen nehmen und ihn mit dem Fund vergleichen. Auch der Abdruck des Ohres ist einzigartig. Ohrabdrücke sind aber natürlich eher die Ausnahme.

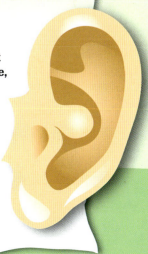

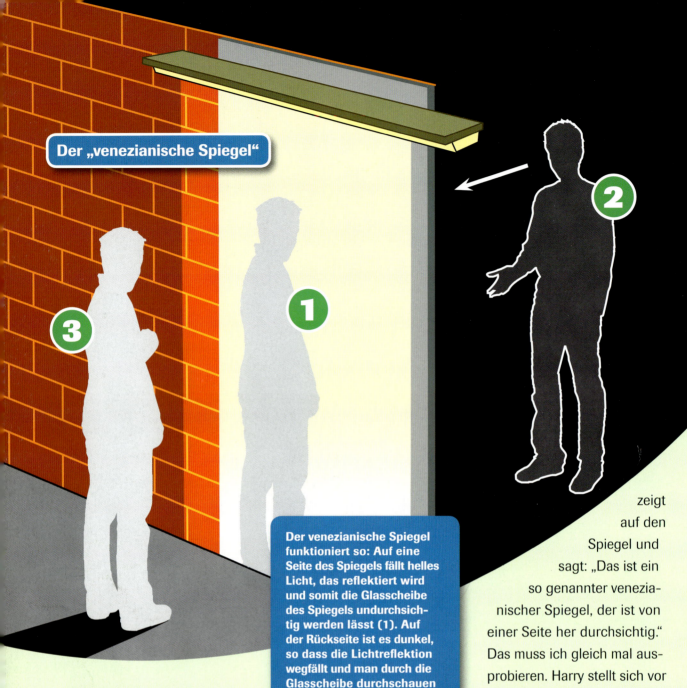

Der „venezianische Spiegel"

Der venezianische Spiegel funktioniert so: Auf eine Seite des Spiegels fällt helles Licht, das reflektiert wird und somit die Glasscheibe des Spiegels undurchsichtig werden lässt (1). Auf der Rückseite ist es dunkel, so dass die Lichtreflektion wegfällt und man durch die Glasscheibe durchschauen kann (2). Somit kann man eine verdächtige Person im Raum nebenan heimlich beobachten (3).

Was passiert bei der Gegenüberstellung?

Puh, ich hab ja immer noch Druckerschwärze an den Fingern vom Fingerabdrucknehmen. Harry wird aus dem Raum gerufen, da kann ich mir ja gerade schnell die Hände waschen und die Haare zurechtstrubbeln, über dem Waschbecken hängt ein Spiegel, da sehe ich gleich, wie ich aussehe. Harry kommt wieder zur Tür hinein und grinst so komisch. „Na, Willi, alles o.k.? Die Haare? Und das Gesicht auch wieder sauber?" Woher weiß er bloß, dass ich mir die Haare zurechtgestrubbelt habe? Günter zeigt auf den Spiegel und sagt: „Das ist ein so genannter venezianischer Spiegel, der ist von einer Seite her durchsichtig." Das muss ich gleich mal ausprobieren. Harry stellt sich vor den Spiegel und ich gehe in den Nebenraum. Tatsächlich: ich kann ihn genau beobachten, während er nur sich selbst im Spiegel sieht.

Warum gibt es diesen Spiegel?

Manchmal gibt es ja auch Augenzeugen bei einem Verbrechen. In solchen Fällen

Spieglein, Spieglein an der Wand

kann man eine Gegenüberstellung durchführen, bei der der mutmaßliche Täter und einige andere ähnlich aussehende Leute dem Zeugen gezeigt werden. Wenn der den Täter aus den verschiedenen Leuten herausfindet, ist das schon mal ein ziemlich guter Hinweis. Der Verdächtige darf den Zeugen dabei nicht sehen – sonst wüsste er ja, wer eben gegen ihn aussagt. Der Zeuge wäre sicher auch sehr nervös, wenn er dem Täter von Angesicht zu Angesicht gegenüberstehen würde. Der Spiegel hingegen macht es möglich, dass ein Zeuge einen Verdächtigen ganz anonym und gefahrlos identifizieren kann.

Heute benutzt man statt des venezianischen Spiegels allerdings meist Videoaufzeichnungen, die dem Zeugen vorgeführt werden. Der kann auf dem Bildschirm in Ruhe und ganz alleine alle vorher gefilmten Personen anschauen und überlegen, ob er den Täter wiedererkennt.

Blickt ein Zeuge durch den „venezianischen Spiegel", sieht er mehrere Personen, die Zahlentafeln hoch halten. Erkennt er den oder die Verdächtigen, so nennt er den Polizisten die entsprechende Nummer. Die Polizei stellt meistens Personen dazu, die dem Verdächtigen ähnlich sehen. Nur so kann sie sicher sein, dass der Zeuge den Beschuldigten wirklich wiedererkennt. Und jetzt bist du der Zeuge: Kannst du die Person ohne Zahlentafel identifizieren?

Auf der Suche nach der heißen Spur!

So werden Beweise und Indizien gesichert

Damit die Erkennungsdienstler überhaupt Fingerabdrücke und andere Spuren zur Analyse bekommen, müssen sie zunächst am Tatort gesichert werden. Harry erklärt mir, dass die Polizisten gewöhnlich erst mal schauen, wo der oder die Einbrecher ins Haus gekommen sind. Denn dort lassen sich meistens schon Spuren feststellen. Besonders aussagekräftig sind neben Fingerabdrücken auch Kleiderfetzen, vergessene Gegenstände oder Fußabdrücke.

Am Tatort herrscht oft großes Chaos. Diebe durchwühlen alles nach Wertvollem, reißen Schubladen raus, verstreuen den Inhalt von Schränken, treten Türen ein oder zerschlagen Scheiben. Für sie muss ja alles ganz schnell gehen – Rücksicht nimmt da keiner! In dem ganzen Durcheinander suchen die Polizisten weitere Indizien. So nennt man die Hinweise, die später einmal vor Gericht den Täter überführen sollen. Besonders aufschlussreiche Indizien sind natürlich Dinge, die dem Täter gehört haben könnten und die er am Tatort verloren

Was sind Indizien?

Indiz ist das Fremdwort für Hinweis. Als Beweis für eine Straftat gilt ein einzelnes Indiz noch nicht, wenn sich jedoch mehrere aussagekräftige Indizien zu einer Kette zusammenfügen lassen, kann ein Richter das als Beweis akzeptieren. Indizien braucht man bei Prozessen oft für die Beweisführung, wenn die Verdächtigen nicht zugeben wollen, dass sie schuldig sind.

Die Haut besteht aus vielen zusammengesetzten Teilchen, die man Partikel nennt. Wenn sich so ein Partikel löst, kann man anhand damit den Täter identifizieren. Genauso funktioniert das bei Haaren.

oder vergessen hat. Harry zeigt mir Spuren von Kleidungsstücken, die an Tatorten gefunden wurden, weil beispielsweise der Täter mit seiner Jacke irgendwo hängen geblieben ist. Fußabdrücke finden sich auch häufig – sowie Reifenspuren, wenn der Täter mit einem Auto unterwegs war. Außerdem suchen die Polizisten nach Zeugen, die vielleicht etwas bemerkt haben, als die Tat begangen wurde. Wenn diese Zeugen die Täter sogar gesehen haben, können sie zu einer Gegenüberstellung geladen werden, das kennst du ja jetzt schon.

Auch die Abdrücke von Schuhsohlen gelten als einzigartig. Wenn der Schuh zu einem bestimmten Abdruck gefunden wird, kann die Polizei sicher sein, dass es keinen zweiten Schuh der gleichen Marke gibt, der eine genau gleiche Abnutzung der Sohle zeigt. Der Besitzer des Schuhs macht sich damit verdächtig.

Oft lassen Einbrecher ein völliges Durcheinander am Tatort zurück. Darin können die Spezialisten der Polizei aber wichtige Spuren entdecken – oft sind sie mikroskopisch klein, können aber helfen, den Täter zu fassen. Im Spurensicherungskoffer finden sich rund 40 Werkzeuge: zum Beispiel Magnetpulver, Pinsel, Zange, Maßband, Lupe, Klarsichtfolie und Gelatinefolie zum Abnehmen von Fußspuren.

Auch anhand von Speichelresten zum Beispiel bei ausgedrückten Zigarettenkippen kann man durch aufwendige Tests den Täter bestimmen.

33

Das Bundeskriminalamt (BKA) in Wiesbaden von oben: Hier arbeiten rund 5000 Mitarbeiter an der Aufklärung von Verbrechen. Das BKA ermittelt nur bei besonders schweren Vergehen – wie bei Drogenschmuggel, Terrorismus und schweren Gewaltverbrechen.

Was macht das Bundeskriminalamt?

Polizeiarbeit ist in Deutschland Sache der Bundesländer. Deshalb ist zum Beispiel die blaue Uniform in Hamburg früher eingeführt worden als in anderen Bundesländern. Sogar die Bezeichnungen der Dienstgrade sind manchmal leicht unterschiedlich.
Trotzdem gibt es eine zentrale Kriminalpolizei für ganz Deutschland, das ist das Bundeskriminalamt mit Hauptsitz in Wiesbaden, der Landeshauptstadt von Hessen. Das BKA, so lautet die Abkürzung für Bundeskriminalamt, hat fast 5000 Mitarbeiter, die in unterschiedlichen Abteilungen arbeiten. Hier kümmert man sich besonders um Schwerstkriminalität, wie beispielsweise Terrorismus, Geiselnahmen oder groß angelegte Rausch-

Um Drogenhändler zu fassen, sind sehr aufwendige und meist internationale Ermittlungen notwendig. Hier sichert die kolumbianische Polizei rund zwei Tonnen Kokain aus einem aufgeflogenen Versteck. Bis es so weit ist, müssen die Drogenfahnder meist sehr, sehr lange ermitteln.

Hier geht's um die schweren Jungs!

giftkriminalität. Das BKA kommt außerdem immer dann ins Spiel, wenn Verbrechen zusammen mit anderen Staaten bekämpft werden müssen.

Übrigens haben die Polizisten des BKA einen sehr interessanten Auftrag. Vielleicht hast du schon mal gesehen, dass der Bundeskanzler immer von grimmig blickenden Sicherheitsleuten umgeben ist. Dabei handelt es sich um BKA-Beamte – sie sind nämlich per Gesetz für den Schutz der hochrangigen Politiker vor Attentaten und Angriffen verantwortlich. Diese ganz speziell ausgebildeten Polizisten heißen „Personenschützer".

Harry aus meinem Polizeirevier hat auch häufig mit dem BKA zu tun, nämlich immer dann, wenn er neue Fingerabdrücke vergleichen muss. Er zeigt mir, wie er diese von seiner Spurensicherungsfolie auf eine Spurensicherungskarte überträgt und das Ganze ans Landeskriminalamt (LKA) schickt, das ist die Unterbehörde des BKA in jedem Bundesland.

Die Kollegen dort übertragen die besonderen Merkmale dieses Abdrucks in ihr System und starten eine Abfrage beim „AFIS", das ist die Abkürzung für „Automatisiertes Fingerabdruck-Identifizierungs-System". Diese Datenbank enthält ungefähr drei Millionen verschiedene Fingerabdrücke und pro Monat werden ca. 40 000 Abdrücke verglichen.

Mit Anzug, grimmigem Blick und einem Knopf im Ohr: Die Personenschützer des BKA bewachen Politiker, damit sie niemand angreift. Hier will der ehemalige Bundesaußenminister Joschka Fischer nur mal in Ruhe telefonieren. Doch seine Bewacher passen genau auf, wer vorbeigehen darf.

Bei besonders schweren Straftaten werden auf diese Weise von Verdächtigen DNA-Proben genommen. Finden sich am Tatort feinste Spuren, wie etwa ein Blutstropfen oder ein klitzekleiner Hautrest, können daraus DNA-Profile gewonnen werden, die den Täter überführen können. Vor zehn Jahren war dazu noch eine halbes Fläschchen Blut nötig. Heute reichen schon fünf Blut- oder Hautzellen für ein Ergebnis.

Mikroskopische Spuren führen zum Täter

Neben dem AFIS hat das BKA eine weitere Datenbank aufgebaut, die in den letzten Jahren die Polizeiarbeit vereinfacht und große Erfolge bei der Verbrechensbekämpfung gebracht hat: die zentrale DNA-Datenbank. In der sind Daten gespeichert, die sich aus der Analyse menschlichen Erbmaterials ergeben.

Harry zeigt mir als Beispiel eine Spur, die seine Kollegen an einem Tatort gefunden haben: ein kleiner Stofffetzen von einer Jacke. Als ich draufgucke, kann ich daran nichts Besonderes erkennen – sie sieht aus wie ein normaler Mini-Fetzen. Doch Harry erzählt mir, weshalb das ein wichtiges Beweisstück ist: „Wir haben daran sehr kleine Hautpartikel gefunden, die womöglich vom Täter stammen. Man kann sie nur mit dem Mikroskop erkennen, aber vielleicht führen sie uns auf die Spur des Täters." Den Fetzen mit den Hautpartikeln schickt Harry auch zu den Kollegen des LKA. Die untersuchen es auf darin enthaltene DNA, so bezeichnet man das menschliche Erbmaterial, das jeder von uns in sich trägt. Man findet es zum Beispiel in Blut, Hautzellen, Speichel oder Gewebeteilen.

Die Experten der Kriminalämter können aus DNA-Spuren mit einem komplizierten Gerät, dem Thermocycler, Proben herstellen, die sie in ihre Datenbank einspeisen. Mit dieser gespeicherten Probe können Spuren verglichen

Was ist ein genetischer Fingerabdruck?

werden – wie jene, die Harry mit dem Stofffetzen geschickt hat. Außer eineiigen Zwillingen haben zwei Menschen niemals die gleiche Struktur in ihrer DNA. Deshalb spricht man auch vom „genetischen Fingerabdruck". Wenn zu den DNA-Spuren auf dem Fetzen eine Spur in der Datenbank passt, kann man feststellen, zu welcher Person dieser Fetzen gehört. Diese ist dann stark verdächtig. In der täglichen Polizeiarbeit ist das Sichern von Spuren, die DNA-Material aufweisen, fast so häufig wie die Sicherung von normalen Fingerabdrücken. Die Datenbank beim BKA hat etwa 350 000 Einträge – und es werden täglich mehr. Jede vierte Spur, die in der Datenbank überprüft wurde, hat übrigens zum Straftäter geführt!

WWW DNA-Spuren in der Ermittlung zu verwenden ist lange sehr kritisch betrachtet worden. Denn aus dem Erbmaterial lassen sich auch Erkenntnisse ziehen, die nichts mit der Straftat zu tun haben. So kann man z.B. erkennen, ob jemand eine bestimmte Krankheit hat. Damit das nicht geschieht, dürfen nur solche DNA-Bestandteile untersucht werden, die diese Informationen nicht enthalten. Diese Bestandteile liegen zwischen den eigentlichen Genen, die die Erbinformationen enthalten.

Was ist eine DNA?

Eine DNA-Kette enthält alle Erbinformationen, die einen Menschen einzigartig macht: seine Größe, die Hautfarbe, den Knochenbau – einfach alles. Man kann die DNA aber mit bloßem Auge nicht sehen. Sie ist so klein, dass sie in eine menschliche Zelle passt. Das Modell einer einzelnen DNA ist hier zu sehen.

Deutsch-französische Zusammenarbeit: 2003 wurde im badischen Kehl eine Polizeistation eröffnet, in der sich 49 Beamte aus beiden Ländern um grenzübergreifende Fahndungen kümmern.

Darf die deutsche Polizei auch im Ausland ermitteln?

Deutsche Polizisten arbeiten häufig mit den Kollegen in anderen Ländern zusammen, denn manchmal arbeiten Verbrecher ja international. Sie versuchen, Rauschgift oder Diebesgut über die Grenze zu schmuggeln, oder verstecken sich nach der Tat im Ausland. Nach welchen Regeln die Polizeibehörden zusammenarbeiten, ist im Schengener Abkommen festgehalten. Dort steht drin, was Polizisten in fremden Ländern dürfen und was nicht.

Für die Zusammenarbeit mit den ausländischen Kollegen ist auch das BKA verantwortlich. Es ist Mitglied der „Internationalen kriminalpolizeilichen Organisation, abgekürzt ICPO/Interpol, der 185 verschiedene Staaten angehören. Die ICPO hat ihren Sitz in Lyon in Frankreich.

Internationale Ermittlungen!

Das BKA hat etwa 50 so genannte Verbindungsbeamte in anderen Staaten. Diese haben die Aufgabe, mögliche Verbrechen in Deutschland zu verhindern, indem sie den Grund dafür schon in anderen Staaten bekämpfen. Das kann zum Beispiel bei Rauschgiftdelikten der Fall sein, indem Drogen, die nach Deutschland geschmuggelt werden sollen, bereits vorher abgefangen werden.

Es nützt also einem Kriminellen nicht viel, wenn er vor der deutschen Polizei ins Ausland flüchtet. Denn durch die Arbeit der ICPO-Interpol erscheinen in allen 185 Mitgliedsstaaten seine Daten auf der Fahndungsliste – und deutsche Polizisten dürfen auch in anderen Staaten weiter nach ihm suchen. Sie müssen sich dabei an bestimmte Regeln der jeweiligen Länder halten. Die sind in den Statuten der ICPO-Interpol genau festgehalten. Innerhalb Europas gibt es noch eine weitere internationale Polizeiorganisation, die Europol mit Sitz im niederländischen Den Haag. Alle Mitglieds-

staaten der Europäischen Union haben mit Europol noch eine weitere zentrale Stelle, an der Informationen über Straftaten und Fahndungen von internationaler Bedeutung abrufbar sind. Die Mitarbeiter von Europol unterstützen die Polizei der einzelnen Staaten, wenn in einem Kriminalfall mehrere Staaten betroffen sind. Sie dürfen allerdings nicht von sich aus tätig werden, sondern müssen um Hilfe gebeten werden. Gut sehen konnte man die internationale Zusammenarbeit bei der Fußballweltmeister-

So sehen Polizisten in Jordanien aus. Vorne tragen sie neben der Pistole auch einen Dolch. Auf Streife sind sie nicht mit dem Auto unterwegs, sondern auf Kamelen.

schaft 2006 in Deutschland, wo die deutsche Polizei mit Kollegen aus Polen den Niederlanden oder auch England zusammengearbeitet hat, um zu verhindern, dass einreisende Krawallmacher die friedlichen Fussballfeste stören konnten.

Schengener Abkommen

In der luxemburgischen Stadt Schengen haben sich Politiker verschiedener Staaten 1985 zusammengesetzt, um zu beraten, wie sich die Polizisten ihrer Länder gegenseitig helfen können. Eine Fahndung über das System der Mitgliedsstaaten kann innerhalb von Sekunden in Gang gesetzt werden! So kann man einen gesuchten Kriminellen beim Grenzübertritt fassen oder den Sitz einer Drogenbande irgendwo in Europa durchsuchen.

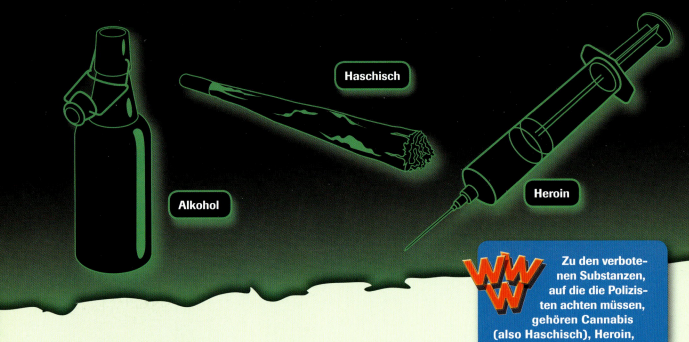

Was ist gefährlich am Drogenkonsum?

Du kennst bestimmt auch Erwachsene, die gelegentlich Alkohol trinken. Die Polizei kennt diese Leute auch, und zwar viel zu viele davon. Immer wieder gibt es welche, die sich noch ans Steuer ihres Autos setzen, wenn sie zu viel Bier oder Schnaps getrunken haben. Das ist mit gutem Grund verboten, denn nach dem Genuss von Drogen – und da gehört aus Sicht der Medizin auch Bier dazu – kann niemand mehr ein Auto steuern oder Fahrrad fahren, ohne sich und andere in Gefahr zu bringen. Ob ein Fahrer zu viel Alkohol getrunken hat, können Polizisten direkt vor Ort mit dem „Alcotest" feststellen. Das ist das bekannte „Röhrchen", in das man hineinblasen muss. Damit kann der Polizist genau feststellen, wie viel Alkohol im Blut ist. Und wer nun zu viel getrunken hat, muss sofort seinen Führerschein abgeben. Da gibt es kein Pardon!

Weißes kurzes Röhrchen (1): Mahsan-Vortester, wird für Urintests verwendet
Weißes langes Röhrchen (2): Envitec Smartclip, wird für Speicheltests verwendet
Blaues langes Röhrchen (3): Drugwipe, wird für Schweißtests verwendet

Zu den verbotenen Substanzen, auf die die Polizisten achten müssen, gehören Cannabis (also Haschisch), Heroin, Kokain, Morphin und „Amphetamine". Das sind oft Tabletten wie etwa Ecstasy. Alle wirken unterschiedlich, sind jedoch für den menschlichen Körper sehr gefährlich.

Alkohol ist nicht die einzige Droge

Genauso schlimm wie betrunkene Autofahrer sind die, die andere Drogen genommen haben. Für Polizisten ist es viel schwieriger, diese Autofahrer zu erwischen, denn man riecht es meistens nicht sofort (wie beim Alkohol), wenn

Finger weg davon!

jemand Tabletten genommen oder Kokain geschnupft hat. Trotzdem hat die Polizei die Möglichkeit, diese Leute zu überführen. Dafür benutzt sie kleine Testgeräte: Mit einem kann man eine Probe vom Schweiß des Fahrers nehmen, mit einem anderen eine vom Speichel und mit einem dritten eine Urinprobe. Das klingt ganz schön eklig – aber es hilft zu verhindern, dass diese Menschen weiterfahren und Unfälle verursachen. Je nachdem, was das Testgerät anzeigt, kann der Polizist sofort erkennen, welche Droge die Testperson genommen hat. Dafür sind in der Anzeige der Geräte meist kleine Streifen zu sehen, die auftauchen oder verschwinden, je nachdem, welcher Stoff registriert wurde. Mit einem Gerät können dabei verschiedene Drogen nachgewiesen werden.

Alkohol am Steuer ist lebensgefährlich – und wird empfindlich bestraft, wenn ein Autofahrer erwischt wird. Die Polizei benutzt dazu Testgeräte, daher helfen auch noch so gute Ausreden gar nichts.

Jetzt wird's richtig ernst!

Die Spezialisten für ganz besondere Einsätze

Schwarze Masken, schwarze Kleidung und bis an die Zähne mit modernstem Gerät bewaffnet: So sind fast täglich in Fernsehkrimis die Mitglieder der Spezial-Einsatzkommandos der Polizei zu sehen. Diese Einheiten heißen abgekürzt SEK – und sind, anders als im Fernsehen, in Wirklichkeit nur ganz selten zu sehen. Die Teams kommen bei Geiselnahmen, Entführungen, Erpressungen und anderen gefährlichen Situationen zum Einsatz und verfügen über hochmoderne, sehr teure Ausrüstung. Doch sie dürfen nicht einfach drauflos ballern, wenn's brenzlig wird. Ihr Job ist es, eine bedrohliche Situation möglichst ohne jedes Blutvergießen zu entschärfen. Meist dauert es nur wenige Sekunden, bis die harten Jungs aufgrund ihrer hervorragenden Ausbildung auch einen schwer bewaffneten Gangster am Boden liegen haben und ihn verhaften.

> **WWW** Eine weitere Polizeiabteilung ist das Mobile Einsatzkommando (MEK). Deren Mitglieder sind meist ohne Uniformen unterwegs und daher draußen auf der Straße nicht zu erkennen. Ihr Job ist es, schwere Straftäter zu beobachten, geheim nach ihnen zu suchen, Geiselnehmer unauffällig zu verfolgen, Entführte zu finden oder die Geldübergabe bei Erpressungen zu überwachen und die Erpresser zu verhaften.

Mit viel Geduld gegen Ganoven

Zielfahnder müssen viel Geduld haben – und das lohnt sich oft genug. Diese speziell ausgebildeten Kriminalpolizisten suchen ganz gezielt nach einzelnen, besonders gefährlichen Straftätern – auch wenn sie längst im Ausland sind. Grundlage ihrer Suche ist alles, was die Polizei, aber auch Freunde, Geschäfts-

2005 hat das Berliner Sondereinsatzkommando diese Wohnung gestürmt. Ein Mann hatte gedroht, er wolle sich mitsamt der Wohnung in die Luft sprengen. Als das SEK losstürmte, war aber niemand zu Hause.

Hier geht's um Sekunden: Bei einer Übung zeigte das SEK, wie eine Geiselnahme gestoppt wird. Erst zünden die Einsatzprofis einen Brandsatz, um den Wagen zu stoppen. Sekunden später sind Geisel und Geiselnehmer aus dem Auto gezerrt und die Täter verhaftet.

partner und Verwandte des Täters erzählen. In mühevoller Kleinarbeit setzen sie die Puzzleteilchen zusammen: In welche Lokale geht er, wen kennt er, was mag er, wohin verreist er oft, wie gibt er sein Geld aus, welche Bankkonten hat er wo, welche Sprache spricht er? Sobald sie brauchbare Spuren haben, verfolgen sie den Täter – und wenn die Reise zum anderen Ende der Welt führt.

So haben 2005 die Spezialisten des rheinland-pfälzischen Landeskriminalamtes (LKA) nach weltweiten Ermittlungen einen seit vielen Jahren gesuchten Rauschgifthändler aus dem Westerwald festgenommen. Der 44-jährige Drogenschmuggler wurde seit fast vier Jahren mit internationalem Haftbefehl gesucht. Mehr als zwei Jahre lang benutzte er einen gefälschten britischen Pass, um sich zu tarnen. Doch genau dieser Pass brachte die Spezial-Ermittler schließlich auf seine Spur – sie verfolgten ihn von Jamaika über Curaçao, Grenada, Venezuela, Kolumbien, Brasilien bis nach Trinidad in der Karibik! Zusammen mit der dortigen Polizei nahmen ihn die Zielfahnder schließlich auf einer Luxusyacht im Hafen der Hauptstadt Port of Spain fest. Auftrag erledigt!

So ist ein Spezial-Einsatzkommando ausgerüstet:

Schutzweste, Schutzhelm aus Titan mit Funkgerät und Gehörschutz, Schutzschild, reißfester und Feuer abweisender Overall, Knie- und Ellbogenschoner gegen Stürze, besonders stabile Handschuhe, Einsatzschuhe, Taschenlampe, Rammbock zum Aufbrechen von Türen, Gasmaske, Mehrzweckmesser, Fernglas, spezieller Schlagstock, Blendgranaten, Pistole, Maschinenpistole, Gewehr

Vater und Sohn mit Dienstmütze: 30 Jahre lang hatte Erhard Hübner bei der Polizei gearbeitet, bevor er in Pension gehen durfte. Sein Sohn Alexander, ebenfalls Polizist, hat ihn am letzten Arbeitstag begleitet.

Wie wird man Polizist?

Polizist zu werden ist nicht ganz einfach, sondern man muss ganz schön viel können. Die Geli erzählt, was genau:

Willi: Was müssen denn Jugendliche, die Polizist werden wollen, für Voraussetzungen haben?
Geli: Ganz besonders wichtig sind in der Schule die Fächer Deutsch und Mathematik. Nach deinen Leistungen in diesen Fächern wirst du nämlich gefragt, wenn du dich nach der Schule als Polizist bewerben willst. Ich habe auch das Abitur, das ist in vielen Bundesländern eine wichtige Voraussetzung.

Willi: Kann ich mich direkt nach der Schule bewerben?
Geli: Wenn du 18 Jahre alt bist, ja. Das ist das Mindestalter, älter als 32 dürfen Bewerber allerdings auch nicht sein. Es gibt sogar Vorgaben für die Körpergröße, Frauen dürfen nämlich nicht unter 1,63 m groß sein und Männer nicht unter 1,68 m. Denn wer zu klein ist, hat es schwer, sich gegen große und sehr schwere Angreifer oder Randalierer durchzusetzen.

Willi: Du bist bestimmt auch ganz schön fit, oder?
Geli: Klar sollte ein Polizist ein guter Sportler sein, denn wir müssen ja flüchtende Straftäter einholen oder uns verteidigen können, wenn wir angegriffen werden. Und weil die Spuren und Personen, nach denen Polizisten suchen, manchmal ganz schön schwer zu finden sind, solltest du auch sehr gut sehen können.

„Achtung Willi, hier spricht die Polizei! Hast du deine Hausaufgaben schon gemacht?"

Ich will später auch zur Polizei!

Die Polizeiausbildung ist in Deutschland Ländersache. Das heißt, in jedem Bundesland sind die Voraussetzungen etwas anders geregelt. Um zu erfahren, was für dich gilt, solltest du den Ausbildungsbeauftragten auf dem nächsten größeren Polizeirevier ansprechen. Er hilft dir gerne weiter.

Willi: Und dann? Uniform an und ab auf Verbrecherjagd?
Geli: Nein, so einfach ist es nicht. Die Bewerber, die es geschafft haben, kommen in die Ausbildung. Dabei lernen sie sehr viel über Gesetze, denn schließlich müssen sie später aufpassen, dass die Bürger sie einhalten. Wegen der internationalen Zusammenarbeit wird es dazu immer wichtiger, Fremdsprachen wie Englisch oder Französisch gut zu können. Außerdem musst du ganz viel Teamgeist haben. Vor allem aber brauchst du gute Nerven: Denn es ist sehr belastend, jeden Tag mit Gewalt, Betrunkenen, Verbrechern, Drogen, Betrügern und Verkehrsrowdys zu tun zu haben. Ein kühler Kopf ist deshalb genauso wichtig: Denn aus alltäglichen Problemen entstehen schnell lebensgefährliche Situationen. Aber Polizisten stehen auf der Seite von Recht und Gesetz. Verbrechen werden immer passieren – aber Polizisten haben klare Regeln und Gesetze, wie sie mit Verbechern umzugehen haben. Das ist manchmal sehr anstrengend. Aber genau das macht den Unterschied aus.

Die Wasserschutzpolizei kümmert sich um den Verkehr und den Umweltschutz auf dem Wassser – hier an Bord des Polizeiboots WSP 50, das auf dem Main-Donaukanal patroulliert.

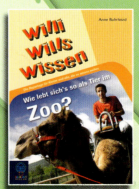
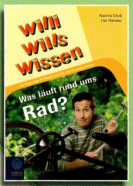